AF227111

# SOUVENIRS LITTÉRAIRES DE L'EMPIRE.

### Le Secrétaire de l'Empereur et son Bibliothécaire (1).

Après avoir fait connaître dans une de nos précédentes livraisons (2), les deux projets de bibliothèque portative, dictés par Napoléon, à Bayonne et à Schœnbrunn, nous avons pensé qu'on lirait peut-être avec quelque intérêt une partie de la correspondance qu'entretinrent à ce sujet, pendant les campagnes de 1808 et 1809, le secrétaire de l'Empereur et son bibliothécaire.

*A* M. Barbier, *Bibliothécaire de Sa Majesté.*

Paris, 26 février 1808.

L'Empereur demande instamment des livres pour la bibliothèque de son cabinet, qui peut tenir quinze cents à deux mille volumes.

Il veut de très beaux livres. Il voudrait qu'ils fussent placés demain.

S. M. m'a aussi chargé de faire connaître à M. Barbier l'importance qu'elle attache à avoir, pour sa bibliothèque de voyage, de belles éditions et de riches reliures. *Il est assez riche pour cela;* ce sont ses expressions.

MENEVAL.

(1) Extrait des *Souvenirs sur le Bibliothécaire de l'Empereur*, par M. Louis Barbier.

(2) Voyez *Spectateur*, tome XXXV, septembre 1843, page 732.

*A M. le baron* MENEVAL, *Secrétaire de l'Empereur.*

Paris, 28 avril 1808.

Ne pouvant vous envoyer une volumineuse nouveauté qui fait ici une grande sensation, je crois devoir vous transmettre, pour Sa Majesté, quelques détails sur la manière dont ce livre est reçu assez généralement. Je veux parler des *OEuvres de Jean Racine*, avec le commentaire de M. Geoffroy.

Les entrepreneurs de cette édition l'avaient fait souvent annoncer avant sa publication, afin sans doute d'exciter la curiosité. Enfin, elle a été mise en vente il y a trois jours. L'affluence a été considérable chez l'imprimeur. Six cents exemplaires ont été vendus le premier jour.

J'ai été servi un des premiers. Ma principale curiosité a été de comparer les commentaires de M. Geoffroy sur les meilleures tragédies de Racine, avec ceux de La Harpe sur les mêmes pièces. Je serais porté à préférer le nouveau commentateur à celui qui l'a précédé.

M. Geoffroy ne s'est pas contenté d'insulter d'illustres morts, il attaque assez fréquemment des auteurs vivants, entre autres MM. Chénier et Legouvé. Ce dernier est si choqué d'un passage du jugement sur la tragédie de *Britannicus*, où l'auteur d'*Epicharis* est présenté comme *ayant voulu flatter les excès de l'anarchie beaucoup plus que peindre les crimes de la tyrannie*, qu'il va, dit-on, porter plainte devant les tribunaux, contre des imputations dirigées plutôt contre sa personne que contre ses ouvrages.

L'édition de M. Geoffroy a encore sur celle de La Harpe l'avantage d'une plus belle impression. Je re-

grette cependant de ne pas y trouver le Précis histo-
rique des Campagnes de Louis XIV, de 1672 à 1678.
Ce morceau me paraît avoir été rédigé par Racine.
C'est le seul qui échappa au désastre qui fit périr,
lors de l'incendie de la maison de Valincourt, à
Saint-Cloud, tous les écrits de Racine et de Boileau,
relatifs à l'histoire de Louis XIV. Ce précis avait été
prêté à l'abbé Vatry, l'un des auteurs du *Journal des
Savants.*

Croyez, Monsieur, etc. BARBIER.

*A* M. BARBIER, *Bibliothécaire de l'Empereur.*

Bayonne, 7 mai 1808.

Monsieur, je reçois exactement les nouveautés que
vous nous faites passer par tous les courriers. J'ai
reçu aussi, il y a trois jours, votre note sur le
Racine, de Geoffroy. Vous suivez une marche qui
est très bonne; je vous engage à continuer et à nous
envoyer, le plus souvent que vous pourrez, quelques notes littéraires; S. M. a été très satisfaite et l'a
témoigné.

Cette Histoire d'Espagne, de M. Briand, qui est an-
noncée dans les journaux, a-t-elle quelque mérite?

Si elle était susceptible d'être envoyée, il ne faudrait
pas que cela nuisît à l'envoi des romans.

Je vous renouvelle les assurances de mon constant
attachement. MENEVAL.

*A* M. BARBIER.

Aranda de Duero, 27 septembre 1808.

Vous nous laissez, Monsieur, dans une disette complète de nouveautés. Il y a toujours, cependant,
quelques annonces dans les journaux. Un livre que

Sa Majesté a désiré ne nous est jamais parvenu. Ce sont les *Mémoires de Favart*. Il peut y avoir dans les Œuvres de Beaumarchais quelque chose d'amusant. Enfin mettez tout le monde à la piste dans Paris pour nous déterrer quelque chose d'intéressant. Il faut songer que cela est très important.

Je n'ai pas parlé à Sa Majesté de la demande de fonds que vous me faites pour M. Barbié-Dubocage (1). C'est une affaire purement administrative qui a besoin des formes de bureau.

Je vous réitère de mettre un grand soin à ne pas laisser échapper l'occasion d'envoyer quelque chose, et vous renouvelle l'assurance de mon sincère attachement.                MENEVAL.

*Au même.*

Aranda de Duero, 28 novembre 1808.

L'Empereur désire que M. Barbier lui envoie, tous les jours, une vingtaine de petits volumes in-18. M. Barbier a la liste des ouvrages emportés de Rambouillet (2); il doit continuer à en envoyer d'autres en Romans, Poésies, Histoire, etc.

L'Empereur manque de livres par la faute de M. Barbier, quoique Sa Majesté lui eût déjà fait connaître, à Paris, l'intention où elle était de réunir environ six cents volumes de ce format. Il y a plusieurs heures de la journée que Sa Majesté emploierait à lire, lorsque son quartier-général se trouve dans des villages.                MENEVAL.

(1) Voyez *Spectateur*, tome XXXIII, page 683.

(2) Ces livres avaient été choisis dans la bibliothèque de cette résidence, au moment du départ de l'Empereur pour la campagne d'Espagne.

*A M.* Barbier.

Madrid, 16 décembre 1808.

Monsieur, j'ai reçu ces jours derniers quelques nouveautés, entre autres les Mémoires de Favart. Je sais
que les journaux réannoncent souvent des ouvrages de
vieille date ; mais quand Sa Majesté ne les a pas lus,
et qu'ils ont le sens commun, ils peuvent être consi-
dérés comme une nouveauté. Quand il y en aura dans
ce cas, vous pouvez les envoyer.

Le livre d'A..... était sans doute écrit dans de bonnes
intentions, mais ennuyeux, tort que rien ne rachète.
La note que je vous ai envoyée à son sujet a été écrite
au reste sous la dictée de l'Empereur.

Je ne puis vous donner de lettre pour le Grand-
Chambellan, parce que je n'ai point de caractère
pour faire comprendre telle ou telle dépense dans
ses comptes; mais il est dans les devoirs de sa place
de faire un rapport à S. M., ou de le faire faire par
l'Intendant Général.

L'envoi des vingt volumes par jour sera un peu dif-
ficile. M. Lavallette m'écrit qu'il ne peut les faire
partir que par petite partie. Je l'ai prié de les faire
mettre à la poste ordinaire. Les nouveautés continue-
ront toujours à venir par l'estafette. Je vous engage à
ne pas négliger cette partie. J'objecte autant que je
puis à Sa Majesté la stérilité des romanciers et la saison
des almanachs.

Je vous prie de croire à mon constant attachement                                            Meneval.

*A M.* MENEVAL.

Juin 1809.

Monsieur, j'ai l'honneur de vous envoyer un poëme (1), entrepris dans de bonnes vues, mais dont l'exécution ne me paraît pas répondre à l'importance du sujet. Si l'on voyait se multiplier des efforts aussi malheureux, il faudrait peut-être inviter Sa Majesté à tenir envers les poëtes la conduite d'Alexandre envers les peintres et les sculpteurs.

Il y a longtemps que je ne vous ai rien expédié. La disette est réelle ; cependant je risquerai ces jours-ci l'envoi de deux romans très médiocres, ne fût-ce que pour vous prouver que je ne perds pas de vue les ordres que vous m'avez transmis de la part de Sa Majesté.

Je vous prie, etc.                         BARBIER.

*A M.* BARBIER.

Schœnbrunn, 8 juin 1809.

Monsieur, j'ai reçu, il y a quelques jours, la septième caisse. Sa Majesté a désiré que les livres fussent classés, dans les caisses, par ordre de matières, de sorte que les deux plus grandes, qui ont été destinées à recevoir les ouvrages d'*Histoire*, suffisent bien, à peu près, pour cette destination ; mais les petites caisses ne peuvent contenir tous les ouvrages de *Littérature*, etc., parmi lesquels il se trouve plusieurs volumes format in-12 (2). Il sera nécessaire, si vous faites faire de nouvelles caisses, de les faire toutes de la même dimen-

---

(1) *Napoléon en Prusse*, poëme épique en douze chants et en vers, par M. Bruguière (du Gard). Un volume in-8°.

(2) Sur les Bibliothèques portatives de l'Empereur. (Voyez *Spectateur militaire*, tome XXXV, page 732.)

sion que les plus grandes, et même, un peu plus grandes. Une autre raison qui se joint à la première, c'est que les ouvrages seront changés ou renouvelés à chaque voyage, selon les ordres que donnera l'Empereur.

Le poëme de M. Bruguière (1) est bien mauvais. L'auteur en a fait présenter un exemplaire à l'Empereur par M. Regnaud de Saint-Jean d'Angély ; ainsi je n'ai point remis celui que vous m'aviez envoyé.

Les romans que vous nous faites parvenir sont la plupart détestables, et ne font qu'un saut de la valise du courrier dans la cheminée. Il ne faut plus nous envoyer de ces ordures-là. Il vaut mieux chercher dans les romans qui ont paru depuis plusieurs années, quelques romans que Sa Majesté n'aurait pas lus et qui auraient quelque mérite. M. Maret remet quelquefois à l'Empereur des romans ou des ouvrages d'agrément qui ne sont pas mauvais. Il a remis dernièrement un roman d'*Edouard* et un *des Querelles de famille*, par Auguste La Fontaine, dont la lecture était au moins supportable.

Envoyez le moins de vers que vous pourrez, à moins que ce ne soit de nos grands poëtes. C'est vous dire de n'en pas envoyer souvent.

Je ne peux pas vous cacher que l'Empereur n'est pas content de sa bibliothèque de voyage ; et j'ai beaucoup de peine à persuader Sa Majesté de toutes les difficultés que présente la réunion des livres qu'elle désire y voir, d'une belle impression, et d'une reliure uniforme et élégante. Il y a effectivement des volumes qui sont horriblement reliés, quoique en maroquin.

L'obstacle insurmontable de l'inégalité des formats

(1) *Napoléon en Prusse*

sera éludé au moyen de la plus grande dimension que vous ferez donner aux caisses. Je vous engage à vous occuper beaucoup de cette *Petite Bibliothèque*, et à réunir le plus que vous pourrez de ces jolis petits livres qu'on rencontre chez quelques libraires qui tiennent surtout de ces éditions de luxe. Ce n'est pas que je ne croie que vous n'avez pas attendu, pour cela, mon conseil, et que vous connaissez ces lieux-là mieux que moi ; mais c'est pour vous faire comprendre l'intérêt qu'on attache à avoir quelque chose de parfait en ce genre.

Je vous renouvelle, Monsieur, l'assurance de mon constant attachement.                    MENEVAL.

*A M. le baron* MENEVAL.

Paris, 15 juin 1809.

Monsieur, votre goût éclairé vous a fait soumettre à Sa Majesté les réflexions les plus justes sur les difficultés que présente la prompte formation d'une bibliothèque élégante, composée, en ouvrages petit format, de livres choisis d'*Histoire* et de *Littérature*.

Le luxe des livres est devenu excessif dans ces derniers temps, mais les amateurs fixent leur choix sur des ouvrages que Sa Majesté ne lit pas, et que souvent ils ne lisent pas eux-mêmes ; ce sont, en effet, des éditions grecques, latines, ou grecques et latines qui font aujourd'hui l'ornement des cabinets de plusieurs bibliophiles. Je puis vous citer un exemple frappant à l'appui de mes assertions.

M. Naigeon l'aîné (1) a passé la plus grande partie de sa vie à former une riche collection de livres. Je l'ai examinée souvent : il n'existe rien en ce genre de plus

_______________

(1 Membre de l'Institut, mort en 1810.

riche, soit pour la beauté du papier, soit pour la magnificence des reliures ; se voyant malade et gêné, dans ces derniers temps, il a vendu son cabinet à M. Firmin Didot. On prétend que l'acquéreur lui paie une rente, partie foncière, partie viagère, dont le principal est de 80,000 fr. Le cabinet actuel de M. Firmin Didot est donc un des plus beaux de Paris, puisqu'il possédait déjà des livres très précieux. Je crois cependant que l'on n'en tirerait pas cent volumes pour la petite bibliothèque de Sa Majesté. Quant à ces cent volumes, on aurait peine à croire le temps qu'a exigé leur réunion. Ce sont des exemplaires qui ne paraissent dans les ventes de livres qu'à de longs intervalles ; je sais que M. Naigeon en a attendu quelques uns pendant dix et douze ans. Il aimait mieux ne pas voir l'ouvrage dans son cabinet, que d'y mettre un exemplaire qui n'eût pas été le plus beau de ceux qui étaient connus.

Ces réflexions m'ont déterminé, depuis six mois, à suivre les ventes de livres avec une attention particulière, pour examiner les *exemplaires d'amateurs* qu'elles peuvent offrir ; je vous assure que je ne les laisserai pas passer. Il me reste, pour le moment, cent volumes des dernières acquisitions : ils pourront, je l'espère, être du goût de Sa Majesté.

Quant aux caisses, le classement par ordre de matières, qui est le plus naturel et le seul convenable, exigera, comme vous l'observez très bien, des dimensions propres à recevoir de grands in-12. Je n'ai pu prendre d'abord cette précaution, parce que Sa Majesté avait paru ne vouloir fixer son choix que sur des in-12.

Il me sera agréable, Monsieur, de me livrer aux recherches qu'exige l'exécution des ordres de l'Empereur. Le goût qui le dirige sera remarqué, et peut-être déterminera-t-il nos amateurs à préférer bientôt les livres utiles aux livres de fantaisie.

Vous appréciez avec beaucoup de justesse les nouveautés que je vous transmets ; j'étais honteux dernièrement de vous expédier les *Mémoires d'un jeune homme de vingt-cinq ans*. Il est bien triste de voir que des libraires gagnent leur vie à débiter d'aussi pitoyables rapsodies, tandis que les livres solides restent dans les magasins.

Je chercherai, parmi les romans publiés dans ces derniers temps, ceux qui me paraîtront dignes d'être mis sous les yeux de l'Empereur. C'est moi qui ai procuré à M. Maret le roman d'*Edouard*, et je me doutais bien qu'il le communiquerait à Sa Majesté. Sans cela, je vous l'eusse envoyé.

Je vous renouvelle, etc.        BARBIER.

*A M.* BARBIER.

Schœnbrunn, 14 juin 1809.

L'Empereur a trouvé sa bibliothèque mal organisée.

Il y a beaucoup de livres inutiles. De ce nombre sont les suivants, que Sa Majesté a fait ôter de sa bibliothèque.

Les œuvres de Parny, 5 vol. in-12.

Les œuvres de Bertin, 2 vol. in-12.

Théâtre des auteurs du second ordre, 8 vol. in-12.

Discours sur Tacite et sur Salluste, 4 vol. in-12.

Vie des marins célèbres, 13 vol. petit in-12.

Lettres de Dupaty sur l'Italie, 3 vol. in-12.

Les Trois règnes de la nature, par Delille, 2 vol. in-12.

Histoire de Jovien, 2 vol. in-12.

Lettres de madame de Sévigné, 11 vol. in-12.

Les Bucoliques, 1 vol. in-12.

Choix de Buffon, 1 vol. in-12.

Mémoires de La Rochefoucauld, 1 vol. in-12.

Souvenirs de Caylus, 1 vol. in-12.

La Bible de Cologne, 1 vol. in-12.

L'Iliade, 2 vol. in-12.

Le Tasse, 2 vol. in-12.

Le Camoëns, 3 vol. in-12.

L'Énéide, 1 vol. in-12.

Milton, 3 vol. in-12.

Les six derniers ouvrages sont à échanger contre :

Une Bible de Sacy, in-12.

Une Iliade, petit in-12.

Un Tasse italien et français, petit in-12.

Un Camoëns, petit in-12.

Une Énéide en prose, petit in-12.

Un Milton en prose, petit in-12.

L'Empereur veut qu'aucun des ouvrages de poésie et de littérature ne soit in-12. Ce format doit être réservé seulement pour l'histoire et pour les chroniques.

La collection des romans grecs est d'un trop grand format.

La Bible de Cologne est d'un caractère illisible.

L'Énéide et le Milton sont en vers ; Sa Majesté en désire des traductions en prose.

Onze volumes de Madame de Sévigné occupent trop de place, il faudrait trouver un choix de ses lettres, en petit format.

Tous les autres livres sont rejetés comme inutiles.

Voici les livres que Sa Majesté désire que M. Barbier envoie pour les remplacer.

Un Tacite, en français, in-12.

Un Gibbon, in-12.

Un Diodore de Sicile, in-12.

Le poëme de la Pitié, petit in-12.

Un Gil Blas, petit in-12.

Les Mémoires de Retz sont sur un très vilain papier, et d'une mauvaise impression ; il faudrait les changer contre quelque chose de mieux.

En résumé, il faudrait renvoyer les ouvrages suivants :

Tacite, en français, in-12.

Gibbon, en français, in-12.

Diodore de Sicile, en français, in-12.

Les Mémoires de Retz, in-12.

Un choix de lettres de Madame de Sévigné, in-12.

La Bible de Sacy, in-12.

Une Iliade, petit in-12.

L'Énéide, en prose, petit in-12.

Un Tasse, italien et français, petit in-12.

Un Camoëns, petit in-12.

Un Milton, en prose, petit in-12.

Un choix de romans grecs, petit in-12.

Un Gil Blas, petit in-12.

Le poëme de la Pitié, petit in-12.

Tout cela, dans le plus petit format possible.

MENEVAL.

*A M. le baron* MENEVAL.

23 juin 1809.

Monsieur, j'ai l'honneur de vous envoyer la plus grande partie des ouvrages mentionnés dans votre lettre du 14 courant; les autres sont chez les relieurs (1). J'ai pris des mesures pour avoir ces livres dans huit jours.

L'exemplaire des *Romans Grecs* est celui de la Malmaison.

Les éditions que j'ai choisies me semblent devoir remplir les intentions de Sa Majesté. Elles réunissent, en général, la commodité du format à la netteté de l'impression.

On n'aura que d'ici à un an une édition in-18 de la traduction en prose de l'*Iliade*, par M. Le Brun. C'est ce qui m'a forcé de placer dans la caisse la traduction de Bitaubé.

Il n'existe pas d'édition *portative* du *Camoëns*. Je sais que l'exemplaire qui est sous les yeux de Sa Majesté est mal conditionné. J'en ai maintenant un mieux relié; s'il peut tenir dans la caisse qui partira sur la fin de la semaine prochaine, je l'y placerai.

Au retour de Sa Majesté, je ferai faire de nouvelles caisses où les volumes in-12 se rangeront avec facilité. Ce sera alors que l'organisation de la bibliothèque de voyage sera plus régulière. Le désordre actuel a été occasionné par les retards de l'ébéniste (2) et des relieurs, joints à l'inégalité des formats et à l'incertitude des ouvrages qui pouvaient réellement convenir à Sa Majesté.                    Barbier.

*A M. le baron* Meneval.

Juin 1809.

Monsieur, j'enverrai ce soir à la poste le reste des ouvrages mentionnés dans votre lettre du 14 mai dernier, à l'exception de la *Lusiade*. Ne pouvant avoir ce

(1) Simier et Bozerian.
(2) M. Jacob.

dernier ouvrage que dans le format in-12 qui a déplu à Sa Majesté, j'ai mieux aimé mettre à la place les *Mémoires de madame de Staal* et la *Princesse de Clèves*.

Je regrette que les *Lettres choisies de madame de Sévigné* et le *Gil Blas* ne soient pas imprimés sur de meilleur papier. Il m'a été impossible de trouver mieux dans le format in-18.

La librairie française s'est déshonorée, depuis douze ans, par de mauvaises réimpressions d'une foule de bons ouvrages. On ne peut lire les dernières éditions des traductions de Tacite, de Cicéron, de César, de Quinte-Curce, etc. Quand j'ai besoin de quelques uns de ces ouvrages, je suis obligé de les faire chercher, et souvent sans succès, chez les marchands qui tiennent ce qu'on appelle l'ancienne librairie.

Croyez, Monsieur, etc.                    BARBIER.

### *A M.* BARBIER.

Schœnbrunn, 14 juin 1809.

L'Empereur demande une meilleure traduction de Machiavel que celle qui est dans sa bibliothèque. Je ne sais pas s'il y en a, in-12, d'autre traduction aussi complète que celle de Guiraudet, qui est, je crois, in-8°. Je prie M. Barbier de chercher cela. S'il trouvait aussi un Tacite meilleur que celui de Dotteville et sans le texte. Je ne connais moi que celui de De la Malle. Je me tue à le dire à Sa Majesté.

Je renouvelle à M. Barbier l'assurance de mon bien sincère attachement.              MENEVAL.

### *A M. le baron* MENEVAL.

Paris, 29 juin 1809

Monsieur, la traduction de Machiavel, placée dans la

bibliothèque de voyage de Sa Majesté, est la meilleure qui existe, dans le format in-12. Celle de M. Guiraudet est, à la vérité, plus estimée, mais elle est en 9 volumes in-8°. C'est ce qui m'a empêché de la prendre. Il en est de même de la traduction de Tacite. Le format in-8° m'a empêché de choisir celle de M. Dureau de la Malle, qui est supérieure à celle de Dotteville.

Dans le catalogue raisonné (1) que je suis en train de rédiger, je n'ai point oublié les nouvelles traductions que je viens de citer. J'ai cru même devoir indiquer la traduction des *Discours de Machiavel*, par le même maître des requêtes. Le style en est plus élégant que celui de Guiraudet. Elle a paru en 1782.

Barbier.

Schœnbrunn, 22 septembre 1809.

L'Empereur a témoigné le désir d'avoir la continuation de l'abbé Millot, qui vient, je crois, de paraître tout récemment à Paris. Je prie M. Barbier de me l'envoyer.

Meneval.

L. B.

(1) On trouve dans le *Spectateur*, tome XXXV, page 735, le Rapport fait à l'Empereur sur le catalogue raisonné qui fut mis sous ses yeux à Fontainebleau au retour de la campagne d'Allemagne.

Paris.—Imprimerie de Bourgogne et Martinet, rue Jacob, 30.